Atlas

POUR LE VOYAGE MILITAIRE

DANS

L'EMPIRE OTHOMAN,

Du B.on Félix de Beaujour.

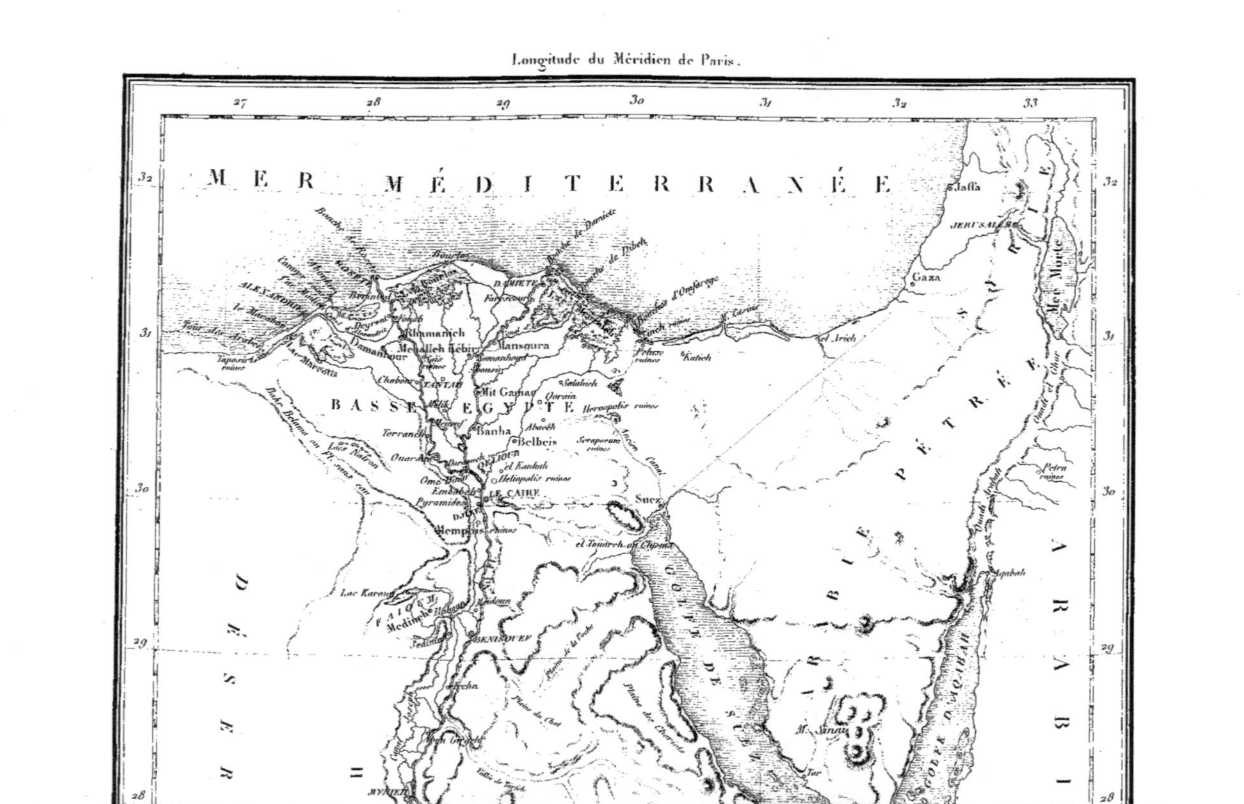

Longitude du Méridien de Paris.
MER MÉDITERRANÉE
Jaffa
JÉRUSALEM
Gaza
Mer Morte
ALEXANDRIE
D. MIETTE
el Arich
Katich
Khamanieh
Mansoura
Medelleh Kébir
Damanhour
Taposiris ruines
Marcotis
Chabour
TANTAH
Mit Gamau
Qorain
Héroopolis ruines
BASSE EGYPTE
Salahich
Terranch
Banha
Belbeis
Serapeum ruines
Ouardan
el Kankah
OSIOUT
Oms Dinar
Héliopolis ruines
Embabeh
LE CAIRE
Suez
Pyramides
DJIZÉ
Memphis ruines
el Touarch ou Choma
Lac Karoun
Médinché Haboub
Madoun
FAIOUM
OSENISOUEF
GOLFE DE SUEZ
ARABIE PÉTRÉE
Petra ruines
Aqabah
GOLFE D'AQABAH
ARABIE
M. Sinaï
DÉSERT
MYRIEH
Plaine du Chat
Plaine des Charmes
SYRIE
Ouadi el Chor

MER ROUGE
DÉSERT DE LIBYE
ÉGYPTE
NUBIE
Manfalout
SIOUTH
Aboutig
Tahtah
Achmim
GIROEH
Samanhoud
Kéné
KENÉ
Tentyris
Coptos
Qosseir
Khnès
el Ghitah
Oasis d'el Bakhel
Khardjeh
Oasis d'el Khardjeh
Thèbes
Esneh
el Kab
Edfou
Défilé de Silsilis
Mgne des Émeraudes
G Ombos
Xene
Philæ
Nil Fl.
Bérénice ruinée
CARTE
DE L'EGYPTE
POUR LE VOYAGE MILITAIRE
dans l'Empire Othoman,
de Mr le Baron Félix de Beaujour,
dressée par Mr LAPIE 1er Géographe du Roi.
PARIS. 1829.
Echelles.
Lieues communes de France.
Lieues Marines.
Gravé par Flahaut.
Ecrit par Arnout.

Pl. II.
25 26 27 28 29 30 31 32 33
Krementchouk
Orel R.
48
Ekatherinoslav
Cataractes du Borysthène
Bug R.
47
YASSI
Niester R.
Ingoul R.
Nicolaief
Bender
Prouth R.
Borysthène R.
Fl.
Otchakof
Kerson
46
Odessa
Akhirman
Kinbourn
Or-Kapi
Yénitché
ME
CRIMÉE
Salghir R.
45
Ismail
Kilia
Toultcha
Kislaf ou Eupatorie
Ak-metchid
Simphéropol
Karason-Bazar
Araba
Danube
Bouches du Danube
Baïdar
Karnié
Mangoupa
Inkerman
44
Sévastopol
Balaclava
C. Aïa
Metelou
Bagh
M E R N O
43
42
Bosphore de Thrace
Gerzéli
Sinope
Amasra
41
CONSTANTINOPLE
Heraclée

Echelles.
Lieues communes de France.
5 10 20 30 40 50
Lieues Marines.
5 10 20 30 40 50

27 28 29 30 31 32 33
Gravé par Flahaut.

dien de Paris.
Zarixin
Karaulik R.
Donet-Kaia
Don
eti
Tcherkaz
Taganrog
Rostof
Mantsch
Azof
Volga Fl.
ASTRAKAN
MER CASPIENNE
Kopiel
Kaucaskaia
Donskaia
Kimbal R.
Moskofskaia
Ekatherinodar
Staurapole
Madjar ruines
Kouma R.
Nicolaia
Gregorief
Kislar
Ekatheringrad
Mosdok
Naour
Terek R.
Soul-Kaleh
Mont Caucase
M.Elborous
Vladi Kaukas
E
Piramida
Balta
Dariel
ou Pythionte
Enars
Soukoum-Kaleh
Dioscuriade
Mont
Caucase
C. Cods
Askipuria
Achi
Khopi
M.Kasbek
Kachaour
Koutais
Anakria
Phas
Redout-Kaleh
Poti
Batoun
Gounieh
Trebizonde
CARTE
DU POURTOUR SEPTENTRIONAL
DE LA MER NOIRE
POUR LE VOYAGE MILITAIRE
dans l'Empire Othoman,
de M.' le Baron Félix de Beaujour,
dressée par M.' LAPIE 1.'' Géographe du Roi.
PARIS. 1829.
Écrit par Arnoul.

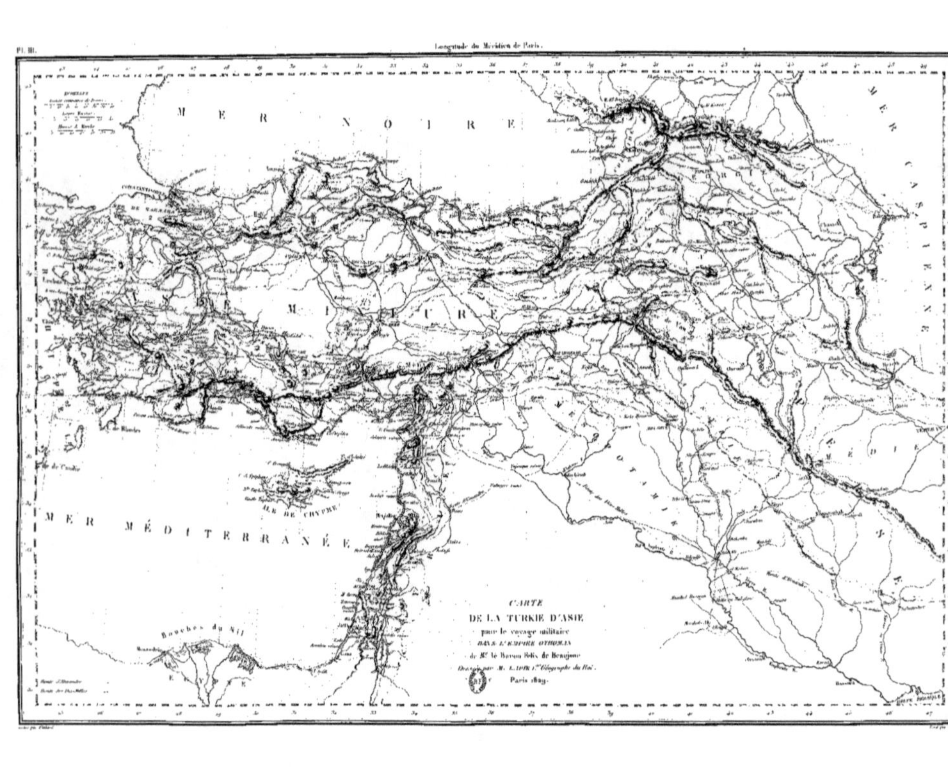
MER NOIRE
MER CASPIENNE
MER MÉDITERRANÉE
ASIE MINEURE
ILE DE CHYPRE
Bouches du Nil
CONSTANTINOPLE
CARTE
DE LA TURKIE D'ASIE
pour le voyage militaire
DANS L'EMPIRE OTHOMAN
de Mr. le Baron Felix de Beaujour
Dessinée par M. Lapie 1.er Géographe du Roi.
Paris 1829.

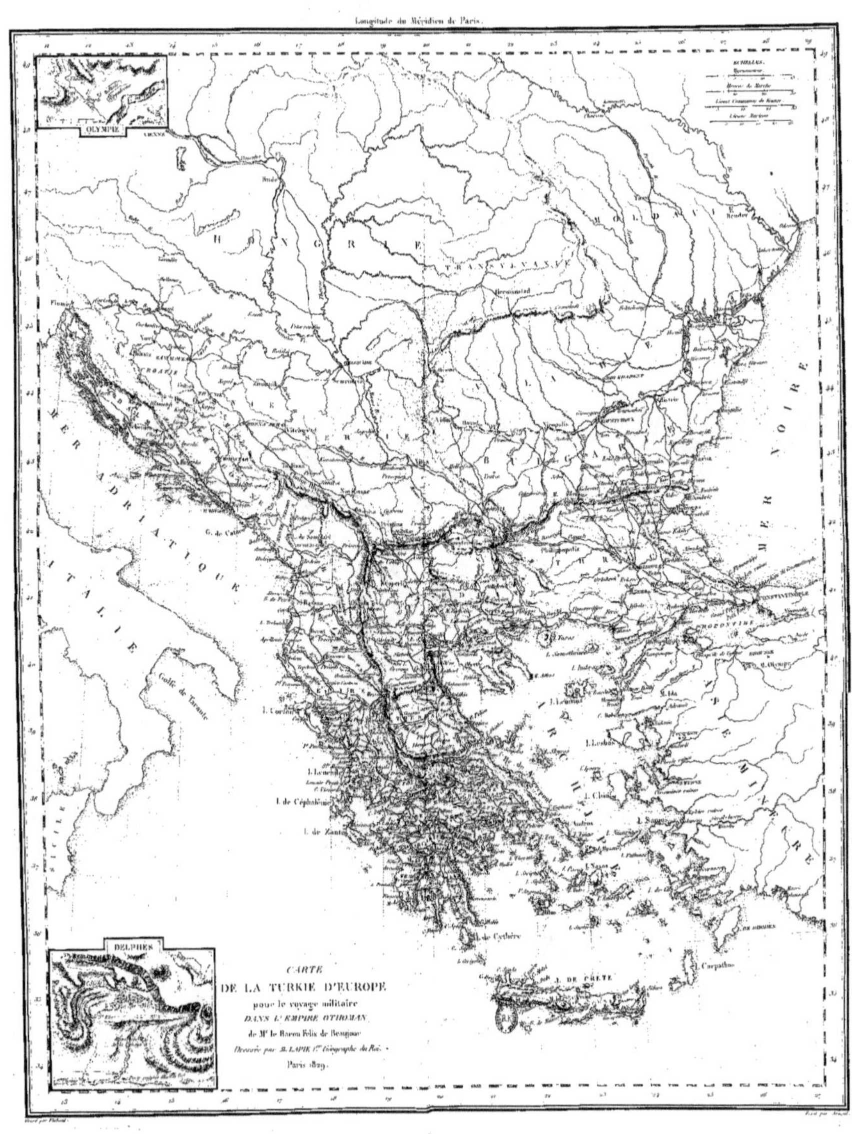

Longitude du Méridien de Paris.
OLYMPIE
DELPHES
MER ADRIATIQUE
MER NOIRE
ITALIE
HONGRIE
MOLDAVIE
TRANSYLVANIE
BULGARIE
TURQUIE
CONSTANTINOPLE
ARCHIPEL
Golfe de Tarente
G. de Cattaro
Philippopoli
I. Corfou
I. Leucade
I. de Céphalonie
I. de Zante
C. de Cythère
I. DE CRÈTE
Carpatho
CARTE
DE LA TURKIE D'EUROPE
pour le voyage militaire
DANS L'EMPIRE OTTOMAN
de Mr le Baron Felix de Beaujour
Dressée par M. LAPIE 1er Géographe du Roi.
Paris 1829.

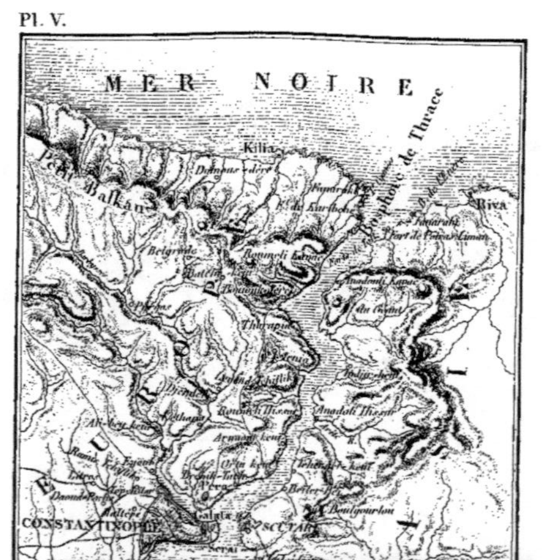
Pl. V.
MER NOIRE
Petit Balkan
Kilia
Danube Néiré
Bosphore de Thrace
Riva
Belgrade
Roumili Fénéri
Thérapia
CONSTANTINOPLE
SCUTARI

DU BOSPHORE
et des environs
DE CONSTANTINOPLE
pour le voyage militaire
dans l'Empire Othoman
de M. le B.on Felix de Beaujour.
Gravé par Flahaut.
Ecrit par Arnoul.

www.ingramcontent.com/pod-product-compliance
Lightning Source LLC
Chambersburg PA
CBHW050717070726
47597CB00009B/3679